AF467123

LA FILLE DU DANUBE,

BALLET-PANTOMIME.

Décors des 1er, 3e et 4e tableaux
de M. CICÉRI.

Décors du 2e tableau
de MM. DIÉTERLE, FEUCHÈRE, DESPLECHIN
ET SECHAN.

IMPRIMERIE DE E. DUVERGER,
Rue de Verneuil, n° 4.

LA
FILLE DU DANUBE,

BALLET-PANTOMIME

EN DEUX ACTES ET EN QUATRE TABLEAUX,

PAR M. TAGLIONI,

MUSIQUE DE M. ADOLPHE ADAM.

Représenté pour la première fois
sur le Théâtre de l'Académie Royale de Musique
le 21 septembre 1836,

Remis au Théâtre le 22 octobre 1838.

DEUXIÈME EDITION.

PARIS

D. JONAS, LIBRAIRE
DE L'ACADÉMIE ROYALE DE MUSIQUE.

1838

PERSONNAGES.	ACTEURS.
FLEUR-DES-CHAMPS (LA FILLE DU DANUBE)	Mlle ELSSLER.
Le baron de WILLIBALD	M. MONTJOIE.
RUDOLPH, son écuyer	M. MAZILLIER.
IRMENGARDE, mère adoptive de Fleur-des-Champs	Mlle FLORENTINE.
LA NYMPHE DU DANUBE	Mlle LEGALLOIS.
UNE JEUNE FILLE	Mlle PAULINE LEROUX.
UN OFFICIER DU BARON	M. QUÉRIAU.
LE DANUBE	M. RAGAINE.

JEUNES FILLES DE LA VALLÉE DES FLEURS.
ONDINES ET NYMPHES.
DAMES DE LA COUR.
CHEVALIERS.
PAGES.
HÉRAUTS D'ARMES.
SOLDATS.
PAYSANS.

DANSE.

ACTE PREMIER.

PREMIER TABLEAU.

MM. Mazillier, Quériau.
Mmes Elssler, Legallois, Florentine Guillier.

NYMPHES.

Mlles Stéphan, Carrez, Leclercq, Lacroix, Saulnier 1re, Pujol.

PAYSANNES.

Mmes Euphrasie, Delacquit, Lemonnier, Bassompière, Thomas, Seuriot, Laurent, Krauss, Florentine, Duménil 1re, Célarius 1re, Jomard.

PAYSANS.

MM. Chatillon, Guiffard, Desplaces 2e, Gondouin, Scio, Paul Perron, Barrez, Adrien, Dor, Carrez, Honoré, Alexandre.

ENFANTS.

MM. Provost, Dimier, Robert, Desjardins, Saulnier 3e,

Élise, Huguet, Brillant, Provost 2e, Briolle, Millot, Constant.

Deux hérauts d'armes.

DEUXIÈME TABLEAU.

MM. Montjoie, Mazillier, Quériau.
Mmes Elssler, Florentine Guillier.

PAGES.

Mlles Dumilatre 1re, Albrié 2e, Lepetit, Célestine, Stéphan 2e, Lassiat, Julia Leblanc, Dumilatre 2e.

SEIGNEURS.

MM. Lenfant, Provost, Saxoni, Petit, Grenier, Ragaine, Mignot, Joly.

LES PAYSANS DU PREMIER TABLEAU.

Douze gardes nobles, dix-huit autres gardes.

DAMES NOBLES DANSANTES.

Mlles Leclercq, Saulnier 1re, Pujol, Duménil 2e, Lacroix, Aimé Petit, Beaupré, Saulnier 2e.

DAMES NOBLES NON DANSANTES.

Mlles Ligni, Lenoir, Davesne, Dabedie, Desjardins, Maurice, Capon, Delamain.

DANSE.

Pas de cinq (nobles).

M. Mabille, Mmes Noblet, Dupont, Julia, Duvernay.

Pas de quatre (jeunes filles).

Melles Elssler, Leroux, Maria, Blangy.

ACTE II.

TROISIÈME TABLEAU.

MM. Montjoie, Mazillier, Quériau.
Mlles Elssler, Legallois, Leroux.

JEUNES FILLES DE LA VALLÉE.

Mlles Coupotte, Athalie, Haasnhut 1re, Célarius 2e.

NYMPHES ENFANTS.

Mlles Dimier, Saulnier 3e, Élise, Haasnhut 2e.

NOBLES.

MM. Lenfant, Saxoni, Ragaine, Petit, Grenier, Provost, Mignot, Joly.

PAYSANS.

MM. Chatillon, Desplaces 2e, Scio, Barrez, Dor, Honoré, Guiffard, Gondouin, Paul Perron, Adrien, Carrez, Alexandre.

Six gardes nobles.

QUATRIÈME TABLEAU.

NYMPHES.

Mlles Elssler, Legallois, Maria, Blangy, Stéphan, Pérès, Bassompière, Leclercq, Lacroix, Coupotte, Delacquit, Robin, Saulnier 1re, Marivin, Célarius 1re, Guichard, Pujol, Beaupré, Duménil 2e, Dumilatre 1re, Stéphan 2e, Saulnier 2e, Haasnhut 1re, Célarius 2e,

Albrié 2e, Lepetit, Thomas, Lassiat, Euphrasie Leblanc, Julia Leblanc, Dumilatre 2e, Athalie Celestine, Provost, Dimier, Robert, Desjardins, Marquet, Élise, Delestre, Bénard, Courtois 2e, Saulnier 3e, Josset, Haasnhut 2e.

TABLEAU FINAL.

MM. Montjoie, Quériau.

LES SEIGNEURS, LES PAYSANS.

Huit dames nobles.
Douze gardes nobles.

La chronique qu'on va lire, et qu'il faut bien se garder de confondre avec *das Donauweibchen,* pièce allemande qui a obtenu un grand succès sur les théâtres de Berlin et de Vienne, et qui n'a de commun avec celle-ci que le nom, est fort répandue sur les bords du Danube. Les plus célèbres poëtes de l'Allemagne s'en sont inspirés.

On n'a pu résister au désir de la mettre sous les yeux du public, bien que le sujet qu'on y a emprunté n'en soit qu'un épisode, et rien en quelque sorte que le dénouement.

Cette lecture suppléera aux notes dont auraient besoin à la rigueur, pour être toujours compris, les programmes de ballets.

Qu'on ne suppose donc point au chorégraphe l'intention d'avoir voulu entrer dans tous les développements de cette histoire, merveilleusement brodée par la superstition du pays; le critique le plus délicat, le plus fin, aurait peine à trouver dans cette narration rapide la moindre prétention littéraire; on a conservé à cette tradition allemande la virginité de son style, le laisser-aller poétique de ses formes.

On a même poussé le respect dû à ce vieux conte

*

jusqu'à ne pas diviser à l'œil toute la partie qu'on a reproduite au théâtre ; et, pour donner au lecteur cette chronique entière et originale, on s'est contenté de mettre en marge de simples indications qui mettront le spectateur à même de suivre, par *actes* et *tableaux*, la mise en scène de cet épisode, qui, comme on va le voir, a été respecté jusque dans les plus petits détails.

LA FILLE DU DANUBE.

C'est une délicieuse vallée que la vallée de Doneschingen; les montagnes de Férenbach qui l'entourent d'un côté et la plaine qui la conduit sur les bords du Danube jusqu'à Neyding, un peu au-dessous de l'endroit où la Brig se jette dans le fleuve, en font un des plus charmants pays du monde.

Les fleurs aquatiques les plus rares, les plantes les plus salutaires y croissent en foule, sous le soleil de cette contrée sauvage, tiède en juillet et voilé neuf mois de l'année par les vapeurs qui descendent des pics au milieu desquels le Danube prend sa source.

Les nénufars, les *nymphea*, les *ne m'oubliez pas*, qui lèvent leurs têtes blanches, roses et bleues au-dessus de l'herbe des prairies, et qui suivent le cours du fleuve dans toutes ses sinuosités, semblent lui former une couronne qui, comme l'onde, obéit à tous les caprices du terrain.

Cette vallée enchantée, à laquelle on a donné à si juste titre le nom de la Vallée des Fleurs, a longtemps dépendu de la seigneurie de Brunlingen; elle appartenait, dès 1365, au baron de Neyding, et fait aujourd'hui partie de la principauté de Furstenberg.

Le baron de Willibald, comte de Meringen, seigneur de Neyding, Balding, Doneschingen et autres lieux, se trouva en 1420 seul possesseur de tous ces fiefs par la mort de son père et de son frère aîné, tués tous deux, le 11 juillet, auprès de l'empereur Sigismond, sous les murs de Prague que défendait le fameux Zisca, général des Hussites.

Ce frère aîné, dont le nom est resté inconnu, avait été chercher la mort sur les pas de l'empereur, par suite des malheurs qu'il avait éprouvés dans trois mariages contractés en cinq ans.

Sa première femme, fille du seigneur de Brunlingen, était morte dans le premier mois de leur union, sans que la cause de cette fin subite ait pu être expliquée; la veuve du baron de Willingen, qu'il avait épousée deux ans plus tard, était morte huit jours après le mariage, le même jour et à la même heure que sa première femme, au moment même où elle prononçait le nom de celle qui l'avait précédée dans l'amour et dans le lit de son époux. Ces deux horribles malheurs semblaient environnés d'un mystère diabolique, qui avait singulièrement agi sur le cerveau de cet époux fatal : il s'était cru frappé de réprobation dans la personne de tout ce qui lui était cher ; il avait voulu d'abord se donner la mort, quand, sur un avis venu de la cour de Rome à laquelle il avait député, il s'était décidé à faire une troisième épreuve.

Il avait obtenu à grand'peine la fille du seigneur de Férenbach, qui n'avait cédé son unique enfant qu'aux perfides conseils de l'ambition.

Cette troisième union s'était faite avec grande pompe ; la lecture publique de la lettre du pape devait mettre en fuite les esprits malfaisants ; les deux époux s'étaient mis au lit après avoir saintement promené leurs lèvres sur les caractères tracés par la main du Saint-Père. Inutiles précautions ! vaine cérémonie ! deux heures après la jeune épouse rendait le dernier soupir dans les bras du baron maudit.

Après ce triple veuvage, la mort était la seule

épouse qui restât à ce malheureux jeune homme; il s'était mis en quête et l'avait rencontrée sur un champ de bataille.

Le baron de Willibald, se trouvant ainsi à vingt-cinq ans seul possesseur des domaines paternels, n'avait recueilli qu'en tremblant cet héritage funèbre.

Le souvenir de son frère lui avait mis au cœur une superstition bien pardonnable sans doute, surtout à cette époque où nul n'en était exempt, les grands pas plus que les petits.

Doué de tous les charmes du corps et de l'esprit, le jeune seigneur, malgré sa bonne envie d'en offrir le partage à une femme, n'osait en courir l'aventure; il craignait, sans doute plus que le destin de son frère, les refus des cours voisines, dépeuplées par la fatalité qui semblait attachée à sa famille.

Condamné à vivre seul, il eût volontiers donné la moitié de ses Etats, il eût consenti à ne garder de ce vaste héritage que la Vallée des Fleurs pourvu qu'une épouse en partageât la seigneurie.

Une consolation lui restait cependant : peut-être ce mauvais sort ne venait-il point de sa race, peut-être n'était-il apporté dans sa maison que par les épouses qui y étaient entrées!

Plein de cette idée, il jura donc haine éternelle à toutes les femmes qui pouvaient mettre un titre avant leur nom ou broder des armoiries sur une robe de velours; tout ce qui était fille noble, baronne ou comtesse, ne lui offrit plus que mésalliance et malédiction; et, comme il avait autant d'envie de prendre femme que de besoin de prouver que la malédiction du ciel ne pesait point sur sa famille, il résolut de tout tenter pour expliquer ce mystère et mettre sa résolution au grand jour.

Ce n'était donc plus aux barons, comtes et seigneurs de Brunlingen, Willingen, Férenbach et autres lieux qu'il voulait s'adresser; il devait ouvrir son lit à une jeune fille humble et modeste, à une pauvre vassale bien innocente, sans aïeux comme sans espérance, sans passé, sans avenir.

Il avait résolu d'offrir sa main et le partage de tous les biens que Dieu ou le démon lui avait départis à une fille de la nature; c'était d'ailleurs le seul moyen qui se présentât de ne pas rencontrer d'obstacles dans l'exécution de ses projets.

Ce fut vers la Vallée des Fleurs que se tournèrent ses regards; il se rappelait, pour les avoir parcourus dans son enfançe, ces lieux enchantés par l'odeur des fleurs les plus belles, par le murmure des premières eaux du Danube, et par ce parfum de solitude et d'innocence qui descend du haut des montagnes sur les riantes prairies; il se rappelait, pour les avoir comptés dans son enfance, ces chaumières mélancoliques, ces châlets rustiques suspendus aux angles des rochers; il se rappelait, pour les avoir admirés dans son enfance, ces visages de vierges, roses et pâles comme le soleil de ces contrées, ces fronts de jeunes filles blancs comme la fleur des nymphéa, ces yeux de villageoises, tendres comme l'herbe de la prairie, humides comme la rosée du fleuve.

C'était là, dans cette vallée limpide et fleurie, au milieu de ces filles naïves, qu'il devait trouver la compagne de sa vie, dussent toutes les baronnies, tous les comtés du monde crier à la mésalliance et au sacrilége!

La superstition qui régnait sur les seigneurs des environs s'était fait plus large place, plus vaste fief dans cette délicieuse vallée; elle rongeait le cœur des hauts barons, des nobles comtes; elle y avait porté la mort et la terreur, mais elle s'était répandue dans cette ravissante contrée en rêves poétiques, en fictions innocentes.

ACTE PREMIER.

PREMIER TABLEAU.

On racontait sur une jeune fille de la vallée des choses étranges dont le récit était venu jusqu'au château de Neyding.

Cette jeune fille, trouvée un matin à genoux au milieu des petites fleurs bleues (*ne m'oubliez pas*) qui croissent devant la grotte d'où s'échappe la source du Danube, avait été recueillie par la vieille Irmengarde qui depuis l'appelait sa fille; ses compagnes, qui étaient devenues ses sœurs, l'avaient nommée Fleur-des-Champs (*Feldblume*) pour consacrer le souvenir de son origine toute mystérieuse.

Nul, à dix lieues à la ronde, ne l'avait connue avant ce jour; muette, elle n'avait pu donner sur sa naissance et sur sa vie aucun indice; nul étranger, qui aurait pu l'abandonner dans le pays, n'avait été vu les jours précédents; seulement, quelques heures avant le moment où elle avait été trouvée sur la rive, les eaux du fleuve, sans orage au ciel, sans commotion souterraine, s'étaient répandues dans les prairies, puis étaient rentrées dans leur lit et avaient repris leur cours accoutumé; voilà tout ce qu'on pouvait dire pour expliquer ce que sa venue avait d'étrange.

Du reste on racontait d'elle mille gracieuses choses; aimant la vieille Irmengarde comme sa mère, elle était la plus douce, la plus sage des filles de la vallée; elle se mêlait à leurs jeux avec une grâce sans égale, une candeur, une naïveté qui avaient l'art de ne point faire de jalouses.

Chaque matin, ajoutait-on, la retrouve à genoux à la place où elle a été vue la première fois, faisant au Danube des offrandes de fleurs ou adressant sa prière au soleil levant; c'est un mystère qu'on n'a pu pénétrer encore, bien que la vieille Irmengarde, qui ne la quitte pas un instant dans la crainte de perdre la fille que le ciel lui a donnée, affirme sur la damnation de son âme avoir vu se refléter un jour dans le fleuve l'image du vieux Danube.

On faisait encore sur son compte mille fables inventées par la superstition et peut-être aussi un peu par une médisance assez innocente.

Après la prière du matin que Fleur-des-

Champs vient adresser au Danube, à l'heure où sa mère adoptive repose encore et où personne ne peut l'observer, arrive le jeune Rudolph, écuyer du baron de Willibald, qui a mis aux pieds de Fleur-des-Champs son cœur et son avenir.

Elle écoute sans colère l'aveu d'un amour dont l'expression l'étonne ; sans souci du passé, sans soin de l'avenir, elle partage le bonheur qu'elle fait éprouver au jeune écuyer.

Leurs entrevues, que trouble parfois la sollicitude d'Irmengarde, se passent d'ordinaire à cueillir des fleurs et à assembler les couleurs des plantes dont la rive est émaillée; puis, fatigués de leurs jeux, ils s'asseyent sur un banc de verdure et s'endorment, appuyés l'un sur l'autre, dans toute l'innocence de leur amour.

Un jour Rudolph avait été plus tendre, et Fleur-des-Champs s'était prise à l'écouter avec moins d'insouciance; la jeune fille, la tête penchée sur les genoux du gentil écuyer, abandonnait son front aux mains de son amant, qui y tressait une couronne de *ne m'oubliez pas;* la Nymphe à qui le vieux Danube a confié Fleur-des-Champs sortit du fleuve escorté d'un groupe d'Ondines et souffla sur leurs yeux un sommeil plus profond que d'ordinaire et moins innocent sans doute.

Pendant le songe qu'elle leur avait envoyé et dont les émotions soulevaient leur poitrine, elle s'approcha d'eux, leur mit à chacun un anneau au doigt et maria le parfum de leurs haleines.

Elle avait disparu..... Ils se réveillèrent tous deux, les sens en désordre, et se jetèrent dans les bras l'un de l'autre comme pour achever leur rêve.

Fleur-des-Champs aimait Rudolph ; Rudolph était son fiancé.

La vieille Irmengarde les surprit à ce moment ; elle chasse sans pitié un jeune séducteur qui n'a que son cœur pour tout bien, son amour pour toute noblesse. La vieille rêve pour sa fille un avenir plus beau. Un puissant seigneur, un haut baron, l'empereur peut-être, sont seuls dignes de posséder un pareil trésor !

Le pauvre écuyer sortait désespéré ; Fleur-des-Champs le consola d'un regard.

Voici ce que la médisance se plaisait à répandre et ce que personne ne pouvait affirmer, car tout était mystère dans cette jeune fille.

Le baron de Willibald voulait la voir ; mais

pour l'attirer au château il ne fallait point employer la force, tel n'était point son dessein. Faire mander auprès de lui les jeunes filles les plus dignes de l'honneur de sa main est une ruse innocente, la seule qu'il doive employer.

D'après son ordre, des hérauts d'armes se présentent un jour dans la vallée des Fleurs. Tous les échos de la montagne, tous les cœurs des jeunes filles tressaillent, toutes les chaumières de la vallée s'ouvrent au son des trompes qui les précèdent.

On les entoure, on les presse de questions; un pressentiment joyeux fait bondir les jeunes filles :

« Ce sont elles que le seigneur invite à se rendre au château de Neyding, c'est parmi elles qu'il veut choisir la compagne de sa vie; la plus sage et la plus belle deviendra son épouse et sa baronne. »

Un cri de joie part de tous côtés; au milieu des mères qui rayonnent d'avance du bonheur et de la gloire que chacune espère pour sa fille, la vieille Irmengarde se fait remarquer par ses transports. Fleur-des-Champs au contraire ne partage point l'ivresse de ses compagnes; elle reste anéantie ; cet honneur, que les autres appellent de tous leurs vœux, l'épouvante.

Cette nouvelle a mis l'alarme dans le cœur du pauvre Rudolph ; il accourt éploré : toutes ses espérances sont perdues. La douleur de Fleur-des-Champs ne lui dit pas assez qu'il est aimé ; ses charmes lui disent trop qu'elle sera choisie.

Fleur-des-Champs le rassure : que ne peut-elle s'enlaidir pour lui plaire davantage ! Elle simule la démarche gauche, les façons niaises qu'elle prendra pour tromper le baron ; enfin, elle lui rappelle le songe qui les a unis et la Nymphe qui les protége.

DEUXIÈME TABLEAU.

Cependant au château de Neyding tout se prépare pour une fête ; la garde du baron occupe les issues pour rendre les honneurs militaires aux nobles dames et aux brillants chevaliers qui arrivent de toutes parts.

Le Danube, qui coule au pied des murs, reflète dans son onde limpide et profonde les armures étincelantes d'or et d'acier.

La pompe guerrière, les riches toilettes, rien ne manque à cette fête dont le motif est resté inconnu. Le baron de Willibald s'avance alors au milieu de sa cour, précédé de ses pages, escorté de ses gardes nobles. Il salue du geste et du regard toute cette foule qui se presse sur son passage ; une secrète préoccupation l'agite ; ses ordres auront-ils été exécutés ? Les jeunes filles de la Vallée des Fleurs se rendront-elles à son invitation ? Telles sont les pensées qui le tiennent distrait au milieu des honneurs dont il est l'objet. Mais un héraut d'armes vient d'arriver ; il annonce qu'il ne précède les jeunes filles que de quelques pas.

Elles entrent ; avec elles la sérénité reparaît sur les traits du baron. Il jouit d'avance de la surprise que va produire sa résolution, du dépit et de l'indignation des grandes et nobles dames, qui l'avaient cru condamné par leurs dédains à un éternel célibat.

Les jeunes filles sont parées de leurs plus beaux habits : leurs robes blanches et les simples fleurs qui les ornent ne sont que plus fraîches à côté des riches costumes des dames de la cour.

Une couronne de nymphéa et un bouquet de *ne m'oubliez pas* sont la seule parure de Fleur-des-Champs.

Le baron de Willibald, que ce contraste a charmé autant qu'il désespère la fierté des nobles dames, les invite à prendre part au bal.

Elles dansent, valsent, se mêlent entre elles.

A ses grâces enchanteresses, à sa candeur angélique, à la tritesse empreinte sur ses traits, le cœur du jeune baron a deviné Fleur-des-Champs. Fleur-des-Champs ! la voilà celle qu'il choisit, celle qui portera le titre de baronne.

Rudolph a peine à cacher sa douleur, Irmengarde à contenir sa joie.

Les danses ont cessé ; les dames de la cour ne cherchent plus à dissimuler leur indignation, elles veulent se retirer.

Mais la vengeance du baron n'est point encore satisfaite : il ajoute le sarcasme à ce premier affront ; il redouble de prévenances auprès d'elles, les invite à rester, à demeurer témoins de son bonheur. Chacune des grâces qu'il leur adresse est une ironie sanglante ; la joie, qui s'est peinte sur tous ses traits, blesse le cœur de chacune d'elles d'un sourire sardonique.

Il se rapproche de Fleur-des-Champs, lui exprime sa pensée tout entière, ses projets d'hymen et la félicité glorieuse qu'il lui offre.

L'étonnement, l'indignation générale redoublent; la jeune fille repousse un avenir qui n'est point fait pour elle ; Willibald la presse, la supplie ; il met à ses pieds sa noblesse, sa fortune et sa fierté.

Rudolph s'élance alors entre eux, il invoque l'amour de Fleur-des-Champs et la pitié du baron, il supplie, il menace... Furieux, Willibald le repousse et va saisir la main de Fleur-des-Champs... Celle-ci s'échappe, s'élance sur un balcon qui domine le fleuve.

L'assemblée est restée immobile de terreur. Alors Fleur-des-Champs exprime l'horreur que cette union lui inspire, l'amour qu'elle a donné à Rudolph ; elle jette une malédiction au baron, son bouquet de *nem'oubliez pas* au jeune écuyer, et se précipite dans le Danube.

Il est trop tard pour voler à son secours ; les cris de ses compagnes, l'horrible joie des dames de la cour, la douleur du baron, le désespoir de Rudolph complètent ce tableau déchirant.

ACTE II.

TROISIÈME TABLEAU.

A la suite de cette effroyable scène, la raison

du jeune écuyer s'est égarée; Rudolph est fou.

Les yeux hagards, les cheveux hérissés, il parcourt les allées du jardin, il suit le cours du fleuve, redemandant aux flots sa bien-aimée.

Rien n'a pu le distraire de sa douleur, ni les consolations qui lui sont prodiguées, ni les larmes d'Irmengarde, ni les prières de son seigneur.

Le désespoir des autres, les honneurs qui l'attendent s'il oublie ce fatal amour, tout l'a trouvé insensible; la gloire n'est plus rien pour lui, son bonheur est dans le fleuve, c'est là qu'il veut l'aller chercher.

Cette espérance le console; elle lui rend un instant de calme; c'est presque du bonheur, et, pour ne pas en jouir seul, il tire de son sein le bouquet que Fleur-des-Champs lui a jeté avec son dernier adieu, et le couvre de baisers; c'est tout ce qui lui reste de tant de grâce, de tant de beauté, de tant d'amour.

Le fleuve est là, profond et large, qui garde tout ce bel avenir sous ses ondes; il va s'y précipiter pour lui reprendre tout ou s'y perdre... Soudain une musique douce et mystérieuse se fait entendre; elle glisse sur l'eau pour arriver à son oreille. La Nymphe du Danube lui apparaît alors ; des Ondines l'entourent ; Fleur-des-Champs est auprès d'elle.

Rudolph n'ose en croire ses yeux ; est-ce une illusion de son délire?...

Il tombe à genoux sur la rive, suppliant Fleur-des-Champs de venir à lui, suppliant la Nymphe de lui rendre sa fiancée.

Déjà Fleur-des-Champs est sur le rivage ; c'est bien elle... mais ce n'est plus qu'une ombre ! Rudolph voudrait en vain la saisir.

« Le Danube, en rappelant sa fille à lui, ne doit plus la rendre à un monde indigne d'elle : Fleur-des-Champs ne peut plus appartenir qu'à celui qui viendra la prendre dans les bras de son père. »

Fleur-des-Champs l'évite ; le délire de son amant lui fait peur ; Rudolph la rassure ; loin d'elle, c'était de la démence ; auprès d'elle, ce n'est plus que le trouble de l'amour.

Mais un bruit de pas se fait entendre et arrache Rudolph à la contemplation de sa bien-aimée.

Il a tourné la tête, et déjà l'ombre a disparu.

Il se relève alors, plus fou, plus désespéré que jamais ; dans sa démence, qui parle à tout ce qui l'entoure, il interroge le fleuve qui ne lui répond que par le murmure de ses eaux.

Ces pas étaient ceux du baron et des gens du château qui poursuivent Rudolph pour prévenir un nouveau malheur.

Willibald l'aperçoit ; il appelle les jeunes filles qui l'entourent ; une idée vient de lui descendre du ciel ; elle doit ramener à la raison son écuyer favori ; que l'une d'elles, qui porte le même vêtement que Fleur-des-Champs, se couvre d'un voile et se présente aux regards de Rudolph !

L'écuyer veut fuir en reconnaissant son seigneur ; les gardes lui ferment la route ; alors il se saisit de l'épée de l'un d'eux pour en frapper le baron ; la jeune fille voilée se jette entre eux.

Rudolph s'arrête !...

Il a cru reconnaître Fleur-des-Champs... l'épée est tombée de ses mains ; Willibald et sa suite se retirent pour épier l'effet de cette ruse.

Rudolph est aux genoux de la jeune fille, il la supplie de lever son voile... il la presse en vain de ses larmes et de ses baisers... il lui rappelle alors leurs tendres entretiens, leurs jeux de la Vallée des Fleurs, cet anneau qui enchaîne leurs cœurs, cet avenir d'amour, pur d'ambition, qu'ils avaient rêvé.

C'est à peine si elle a l'air de le comprendre; pour toute réponse elle l'invite à le suivre... Il va céder, mais, dans cette lutte, le voile de la jeune fille se détache; Rudolph reconnaît son erreur, la repousse, tire de son sein le bouquet de *ne m'oubliez pas*, l'élève au ciel, le presse sur son cœur, et court se jeter dans le fleuve.

QUATRIÈME TABLEAU.

Soudain les eaux s'agitent, le tonnerre gronde, le fleuve bondit sur ses rives; un grand mystère vient de s'accomplir : le Danube vient de recevoir dans ses bras l'époux de sa fille.

Rudolph, évanoui, soutenu par un groupe de nymphes, est descendu dans la grotte du vieux Danube. La Nymphe qui lui est apparue dans son rêve de la Vallée des Fleurs s'approche de lui, et lui rend à la fois la raison et la vie.

Une dernière épreuve lui reste encore à subir.

Une première fois, son délire a pu le tromper quand la jeune fille voilée lui a été présentée par le baron de Willibald; il faut qu'il sorte vainqueur des mêmes illusions.

De jeunes nymphes couvertes de voiles l'entourent de caresses et de séduction ; si ses yeux l'ont trompé une fois, que son cœur devine celle qu'il aime ; que ses mains la touchent, et Fleur-des-Champs est à lui.

Il repousse les premières qui s'offrent à ses regards... Ce n'est pas elles qu'il cherche ! ce n'est pas elles qu'il veut !

D'autres se présentent, légères comme Fleur-des-Champs, tendres comme elle, gracieuses comme elle... Il hésite... et les repousse encore.

Ce n'est pas elles qu'il aime! ce ne sont pas elles qui lui ont juré autrefois un amour éternel !

Toutes l'entourent alors, lui offrant des coquillages ou les plantes les plus rares de cet humide séjour, lui parlant de plaisir, d'amour et de bonheur.

Le bouquet de *ne m'oubliez pas* qu'il tient à la main est le talisman qu'il oppose à leurs séductions, à leurs offres perfides ; aucune ne l'a touché, ce bouquet chéri... aucune ne l'a osé! Une seule, en passant près de lui, en a approché la main... C'est Fleur-des-Champs, c'est elle ! Elle fuit encore ; mais Rudolph est sur ses traces, il va l'atteindre... il est dans les bras de sa bien-aimée.

Tous deux viennent se jeter aux pieds de la Nymphe du Danube, en la priant de les rendre au monde qui ne peut plus désormais les désunir.

A ce moment, une conque marine se détache du fond du fleuve et remonte à la surface, en suivant les ondulations du courant.

Toute la cour des Ondines se rassemble autour de la Nymphe, qui du doigt leur indique la route ; les Ondines s'élèvent en groupe autour d'eux jusqu'à la surface de l'eau, et le Danube les rend au monde qui ne peut plus désormais les désunir.

. . . .

. . . .

Cette chronique se termine par le récit touchant de la bienheureuse mort du baron de Willibald, comte de Meringen, seigneur de Neyding, Balding, Doneschingen et autres lieux.

Cet infortuné seigneur, malheureux en amour comme son frère aîné l'avait été en mariage, ne voulut point troubler un bonheur si bien mérité et qu'il ne devait jamais espérer.

Il comprit qu'on ne tenait que de Dieu seul ce don de félicité parfaite, et il alla l'implorer dans un cloître.

Toutefois il voulut accomplir l'œuvre de bonté que le ciel avait commencée : il dota l'heureux couple de la seigneurie de Doneschingen, dont le clocher domine la Vallée des Fleurs.

Dix ans après, le 21 décembre 1430, le baron de Willibald mourut béatement dans le couvent des Augustins à Bologne, et le seigneur Rudolph éleva à la mémoire de son bienfaiteur la chapelle dont on voit aujourd'hui les ruines à mi-côté du Treuenfels (*roche de fidélité*), sur la route qui conduit de Doneschingen à Férenbach.

FIN.

www.ingramcontent.com/pod-product-compliance
Ingram Content Group UK Ltd.
Pitfield, Milton Keynes, MK11 3LW, UK
UKHW020435220726
13923UKWH00005B/2182

9 782019 968502